Johann Hauser

Gedichte
Durch Jahr und Zeit

INNSALZ Lyrik

Johann Hauser
Durch Jahr und Zeit

Fotos: Johann Hauser

Verlag INNSALZ, Munderfing 2021

Gesamtherstellung & Druck:
Aumayer Druck + Verlag Ges.m.b.H. & Co KG, Munderfing

Dieses Werk einschließlich aller seiner Teile ist urheberrechtlich geschützt. Jede Verwertung außerhalb der engen Grenzen des Urheberrechtsgesetzes ist unzulässig und strafbar.

ISBN: 978-3-903321-52-6

www.innsalz.eu

Johann Hauser

Gedichte
Durch Jahr und Zeit

INNSALZ Lyrik

Inhaltsverzeichnis

Erinnerungen 6
Gedanken 9
Des Wortes Macht 10
Was kostet die Welt? 13
Kinderaugen 15
Ein Traum 16
Das schlafende Kind 18
Das Glück 20
Wolken 22
Laute Welt 23
Hühner 24
Die Fliege 26
Spiele 27
Beim Spaziergang 28
Der Baum 31
Trauriger Alltag 33
Die Wiege 34
Sternennacht 35
Morgenstunde 36
Mode 37
Der Stamm 39
Einfalt 41
O lass es leise mich erfahren 42
Armut 43
Die Schnecken 46
Die Reise 48

Muttertag	49
Herbst	50
Quo vadis	51
Gleichheit	52
Spaß am Leben	54
Unbedacht	55
Reichtum und Geld	56
Liebe oder Triebe	58
Narrenzeit	59
Denk nur dran	61
Liebe	62
Wasser	63
Hass	64
Der Spiegel	65
Fastenzeit	67
Kinderträume	68
Was ist los?	70
Der Phantast	72
Hörst du das Rauschen der Bäume	73
Der Berg	74
Tier und Mensch	76
Die Nacht	79
Die Schule	80
Die sterbende Mutter	82
Elterngrab	85
Zeitlos	86
Die Glocken	88
Ein Schritt zu viel.	89
Kinderlachen	91

Ein Kind schaut in die Welt hinein, ... 92
Der Herbst des Lebens 94
Die Spinne 95
Besorgt 96
Vorweihnacht 98
Adventzeit 99
Der Schneemann 100
Zur Weihnachtzeit 103
Alle Jahre wieder 104
Kinderweihnacht 105

Gedichte in Mundart

A Leitn 109
Da finsta Himmö 110
Da Kuckuck 114
Dadåttert 115
Gedånken zum Geburtståg 116
Hi und då 118
I stroaf gern a weng å 121
Im Oita 122
Liebesgedånken 123
Überåi fåi i drüba 124
Weihnåcht 125
Über mi 126
In da Mundoart 127
Mehrnbach, mein Heimatdorf 130

Erinnerungen

Wie schön waren doch die Kinderjahre,
der Eltern Zärtlichkeit und Lieb';
so dass ich liebend sie verwahre,
in der Erinnerung die mir blieb.

Ihr Jahre der Jugend, ich denke zurück,
längst seid ihr vergangen, längst seid ihr dahin;
ich denke an Freunde, an Liebe und Glück,
und mir wird es bewusst, wie alt ich schon bin.

Ich hab manches erlebt, gesehn und gehört,
doch dem Wandel der Zeit ist man unterlegen.
Oft war ich verwundert, hab mich manchmal empört
und sprach mahnende Worte den Kindern entgegen.

Die Tiere, die Lieben, waren treue Begleiter,
waren oft tröstend zur Seite in trauriger Stund;
sie fühlten Gedanken, sie halfen mir weiter
und machten oft meine kranke Seele gesund.

Nun zittern die Hände, die viel Arbeit getan,
die Schritte sind klein und das Gehen fällt mir schwer,
auch das Denken lässt nach, man sieht es mir an,
meine Augen sind trüb, und ich höre fast nichts mehr.

So vergeht Tag um Tag, aber still ist es im Haus
und meine Gedanken wandern zurück in der Zeit;
die Kinder, sie zogen vor Jahren schon aus,
darum lebe ich fast nur noch in der Vergangenheit.

Gedanken

Wie bist du gewesen,
als ich noch nicht war?
Wie wirst du sein, –
wenn ich nicht mehr bin?
Sag, was ist der Sinn darin;
dass du bist – dass ich bin?
Du warst doch immer für mich da
und doch hab' ich dich vermisst.
Du bist nicht geschaffen, bist nicht geboren –
und wer dich nicht findet,
du gehst nicht verloren.
Hass und Liebe sind dir eigen –
Kampf um Leben, Tod und Feind,
oft verflucht und oft ersehnt
gehst du deinen eignen Weg. –
So bist nur du, nur du –
du Zeit und Ewigkeit.

Des Wortes Macht

So schnell kommt es aus deinem Munde
in friedlicher, heiterer, froher Runde
das Wort, das den Gedanken folgt,
oft in Absicht, oft auch ungewollt.

Ein Wort, es kann so vieles sagen,
Glück versprechen an guten Tagen,
Unheil verkünden in schlimmen Zeiten,
die dem Bösen den Weg bereiten.

Tausendfach wird was versprochen,
tausendfach wird es gebrochen.
Ein Wort, es kann so viel zerstören
und vielfach auch den Geist betören.

Verführung ist's, wenn es mit Hinterlist gesprochen,
als guter Ratschlag hat es schon oft geholfen.
Ein Wort gilt viel, ein Wort gilt wenig,
ob vom Bettelmann oder von einem König.

Ein Wort, es hat sehr viel Gewicht,
wenn's jemand mit Verstand ausspricht;
mit Weisheit und auch wohlbedacht,
dass keiner flucht und keiner lacht.

Ach, wenn er die Worte doch wenden könnte,
wünscht mancher Tor sich schließlich am Ende
nachdem er seinen Unsinn selbst erkannt
und ihn bedrängt der Menschenverstand. ▸

Ein kurzes „Ja" beschließt den Bund
und macht die große Liebe kund;
die ewige Treu schwört dir dieses Sagen
an guten und an schlechten Tagen.

Bricht es entzwei, wird's herb dir klingen,
kein Ton mag aus dem Munde dringen,
denn wie verstoßen ist dein Sein,
wenn umkehrt sich das „Ja" zum „Nein".

Pass auf, denn gestern, morgen und auch heute
immer gibt es schlechte Leute
die nach übler Rede gieren
und dabei sich nicht genieren.

Gerede gibt's genug auf Erden,
auch Worte, die dann tödlich werden,
wenn sie dann den Besagten treffen
und auch Entschuldigungen nicht mehr helfen.

Des Richters Urteilsspruch spricht Recht;
auch wenn's nicht jeder hören möcht.
Zu Freiheit oder Haft bestimmt –
Gesetzes Spruch bleibt unverblümt.

Ein Wort, es kann das Schweigen brechen,
den Mund verzieh'n zu einem Lächeln,
kann dir was sagen unverhohlen
und Tränen aus deinen Augen holen. ▸

Gewalt und Macht hat manch ein Wort,
wenn man's missbraucht und immerfort
den Menschen, die wohl gut gesinnt,
dann ihre Meinung abgewinnt.

Und in der Einheit, im Gesang
verbirgt sich auch oft schlechter Drang,
der aufruft zu Gewalt und Streit
und trennt die Gemeinsamkeit.

Ein glücklich Dasein sei denen beschieden,
die rechtschaffen den Frieden lieben,
die nicht nur an sich selber denken,
nein, auch den andern Freude schenken.

Sei es nur ein Wort, ein liebes Lächeln,
das sich im Angesichte dessen,
dem diese Wohltat zur Ehre wird,
er hat in dir den Frieden verspürt.

Sein Wort, das „Danke", klingt in dir
wie ein gefundener Schatz dafür.
Es zeigt dir, dass auf dieser Welt
ein Wort oft mehr als Reichtum zählt.

Was kostet die Welt?

In dieser wunderbaren Zeit
hält das Leben viel für uns bereit.
Die Freiheit ist fast grenzenlos und schön,
so können wir die ganze Welt ansehn.

Ab in den Urlaub mehrmals im Jahr,
bis ans Ende der Welt, das ist wunderbar.
Mit dem Schiff voller Luxus kreuz und quer übers Meer
und im Flieger düsen wir der Zeit hinterher.

Auch Globalisierung hört sich äußerst gut an,
weil man damit ja alles haben kann.
Kleidung und Billiggeräte „Made in China",
geliefert Tag für Tag in riesigen Containern –

Nahrung für Mensch und Tier aus fernen Kontinenten,
Treibstoff und Rohstoffe, die wir sinnlos verschwenden.
Urwaldholz und Bohrinseln im Meer,
mal sehn was noch drin ist, alles muss her.

Heut wollen wir Obst und Gemüse, exotisch gewählt,
auch fangfrische Meeresfrüchte haben wir uns bestellt.
Das Plastik im Meer, ach das kümmert uns nicht,
dann wird morgen eben woanders gefischt.

Wir fühlen schon jetzt, dieser Sommer wird heiß,
da sucht man Erholung im ewigen Eis.
Für drei Tage heißt es dann rauf auf die Bretter,
solange es sie noch gibt, unsere Gletscher. ▸

Für die Energie gibt es eine Lösung, die heißt Atom,
und fliegt es uns einstens auch um die Ohrn.
Wenn Polareis auch schmilzt und das Meerwasser steigt,
es gibt noch viel zu erleben, was uns reizt.

Monokulturen, Herbizide, Pestizide, Insektizide,
ach wie kling das alles derb und prüde;
die Wirtschaft fordert ja ein Wachsen,
Wegwerfgesellschaft und Konsum in allen Achsen.

Wenn Berge auch stürzen und es nur noch Giftwolken gibt,
wenn der Müll uns begräbt und nur die Größe noch siegt,
und wenn auch das Wasser zum Halse uns steht
und uns die Luft zum Atmen fehlt –

fragen wir ironisch:
„Was kostet die Welt?"

Kinderaugen

Ach, wie ist es doch so schön,
mit deinen Augen die Welt zu sehn,

mit deinen kindlichen Augen
an das Gute der Welt nur zu glauben;

voll Vertrauen, voll Zuversicht
lächelt dein kindliches Gesicht.

Siehst nicht die Last und nicht die Sorgen,
sie bleiben dir noch ganz verborgen;

hast keinen Gedanken für Hass und Neid,
eigen ist dir nur Seligkeit.

Ein Traum

Müde Füße, müde Hände,
so ging ein langer Tag zu Ende;
doch Gedanken voller Sonnenschein
begleiteten mich in den Schlaf hinein.

Da kam ein Traum, der lud mich ein,
diese Nacht sollt ich zu Gast ihm sein.
Ich folgte ihm in seine Welt,
er hat mir dann gar viel erzählt.

„Die Liebe", sprach er, sollte regieren,
dann wird man in der Seele spüren
in Mensch und Tier und in der Natur
Zufriedenheit und Freude nur.

Gar vieles sah ich dann so schön –
bunte Blumen auf den Wiesen stehn,
goldene Ähren, die sich im Winde wiegen,
Menschen die sich nicht bekriegen.

Im reinen Wasser lebten Fische und Getier,
durch saubere Luft flogen Vögel umher;
von Wild reich bevölkert waren Wälder und Auen,
jedem gefällig – schön anzuschauen.

Eine Mahnung erfuhr ich zuletzt noch hier,
beschütze dies alles, Natur, Mensch und Tier,
dass alles erhalten werde
auf dieser wunderschönen Erde. ▸

Er prägte mir ein: Halt an mir fest,
wo du auch hingehst, wie alt du auch bist.
Verlass mich nicht, bleib immer bei mir,
soweit ich es vermag, helfe ich dir.

Und als ich erwachte, fiel der Traum mir wieder ein.
Da wusste ich es: Ich muss wohl im Paradies gewesen sein.

Das schlafende Kind

So lange war dein Tag, mein liebliches Kind,
wolltest alles erleben wie ein Wölkchen im Wind;
mal dahin, mal dorthin, mal so und mal so,
wie der Wind sich halt dreht, immer lebhaft und froh.

Der Tag ging zu Ende, die Äuglein wurden klein,
und ein kindliches Gebet führte dich ins Traumland hinein.
So träume nun hold, mein Engelchen du;
ins Paradies kehre ein und finde süße Ruh.

Was magst du wohl träumen in seligem Schlaf?
Du tanzt wohl den Reigen und läufst deinem Hündchen nach,
weil deine Füßchen so strampeln, deine Händchen sich strecken
und dein Mündchen so lacht, als würde es Zuckerguss lecken.

Oder träumst du von Zwergen und himmlischen Feen?
Ich kann es nur raten, deinen Traum kann ich nicht sehn.
Mein Blick will nicht weichen, der dich liebend durchdringt,
denk an deine Zukunft und was das Schicksal wohl bringt.

Ihr Sterne am Himmel, leuchtet zum Fenster herein
und behütet mein Kindlein, behütet es fein.
Auch ihr Engelein alle, ich bitte euch, haltet Wacht
bei meinem schlummernden Kinde, die ganze lange Nacht.

Ich drück dich noch einmal im Herzen an mich,
dann gehe ich zur Ruh und bete für dich,
dass alle Tage, alle Jahre, so gütig dir sind
wie ein lieblicher Traum einem schlafenden Kind.

Das Glück

Ach hätte ich doch das Glück auf Erden,
einmal wirklich reich zu werden.
Millionen mit einem Lottoschein
gewinnen, ach das wäre fein.
Sich einmal alles leisten können,
die allerfeinsten Sachen gönnen.

So denken viele auf der Welt,
sehen Glück und Reichtum nur in Geld
und im Besitz von vielen Sachen,
die sie scheinbar glücklich machen.
Das bessere Glück, und das ist fein,
ist, ohne Reichtum glücklich zu sein.

In kleinen Dingen Stück für Stück
befindet sich das große Glück.
Man muss es mit den Sinnen fassen,
und nicht so einfach liegen lassen;
dann ist es mit uns fast alle Tage,
das Glück, das man im Herzen trage. ▸

Das Glück ist rund um uns herum
und wenn es mal auslässt, ist es wohl dumm,
doch es kehrt bald zu uns zurück,
und dann umgibt uns ein neues Glück,
durch neues Sehen, neues Spüren,
damit wir nicht den Sinn verlieren –

für das Schöne, das das Leben gibt.
man spürt es besonders dann, wenn man liebt.
Drum achte man das kleine Glück,
das uns täglich neu entzückt,
in Mensch, in Tier, in der Natur,
dann kommst du dir wohl glücklich vor.

Wolken

Oft seid ihr weiß wie unschuldige Lämmer
ihr Wolken, die ihr ziehet am Himmel dahin;
mal Lamm und auch mal Ungeheuer,
wenn Blitz und Donner in euch sind.

Wenn wir warten auf euch in heißen Zeiten,
bringt ihr kühlenden Segen übers dürstende Land
und Blühen und Leben erwacht neu in den Breiten,
weil alles deinen Lebensquell wiederfand.

Ihr kommt dort oben niemals zur Ruhe,
da ein sanftes Lüftchen schon genügt.
Es ist ein immerwährendes Getue,
das euch ständig neue Formen gibt.

Ob Gesicht oder Pflanze, Mensch oder Tier;
die Fantasie gibt euch stets neue Gestalten.
Ihr verführt uns zum Träumen alle hier –
die Jungen ebenso wie die Alten.

So fliegt dann dahin, wie der Wind euch treibt,
ihr seid doch Gespielen dem Wind –
ihr seid doch Gespielen der Ewigkeit,
ihr fliegt noch, wenn wir alle nicht mehr sind.

Laute Welt

Ich horche hin und hör dich nicht,
wo bist du hingekommen?
Mit einem vielfachen Gesicht
hat man dich uns genommen.

Ich suche dich auf weiter Flur,
lasse die Gedanken weilen,
dann schau ich auf und höre nur
Traktorenlärm bisweilen.

Ich entfliehe der lauten Stadt
und gehe dem Felde zu,
doch auf dem Weg nur Autolärm,
ich finde keine Ruh.

Ich gehe den nahen Berg hinan
und will ein wenig sinnen,
da dröhnt im Tal, dem Fluss entlang,
ein Zug auf lauten Schienen.

Ich gehe in den Wald hinein,
da wird mich niemand stören.
Ich lausche dem schönen Vogelsang,
sonst ist hier nichts zu hören.

Ich genieße die gute Waldesluft,
die wunderbare, reine;
da fliegt ein Flugzeug über mir – und ich weine.

Hühner

Im Hühnerstall geht's lustig zu,
das Gackern findet keine Ruh.
Sie wissen so viel zu erzählen,
und kein Erlebnis darf da fehlen.

Der Hahn wird schon nervös dabei,
er streckt den Hals – und ein Geschrei
ertönt, dass die Hennen kurz verstummen,
doch ein Huhn mit ihren Jungen –

unterbricht die kurze Ruhe,
und schon geht's weiter das Getue
um Würmer, Käfer, Larven, Fliegen;
das beste Stück will jede kriegen.

Dem Hahn wird es dann bald zu dumm,
er dreht sich zu den Hennen um,
streckt abermals den Hals heran,
und kräht, so laut er krähen kann.

Da hören sie Schritte ganz vertraut,
und gleich drauf geht die Pforte auf.
Nun drängen alle eilig hinaus
zu einem deftigen Frühstücksschmaus.

Der Hahn entfernt sich ein gutes Stück,
denn er empfindet es als Glück,
dem Gegacker zu entkommen,
und hat sich ganz fest vorgenommen, ▸

mit einem Schrei laut zu verkünden:
„Ich will mich nie mehr wieder binden,
ich habe genug von meinen Hennen,
heute noch werde ich mich trennen!

Die gackern mir die Ohren voll,
ich weiß nicht, was ich machen soll.
Der Harem treibt es mir zu bunt,
ich find keine Ruhe, nicht eine Stund."

Er kräht ein letztes Mal und dann
ist es vorbei mit diesem Hahn.
Vor lauter Ärgern und vom Krähen
hat er den Traktor übersehn.

Der walzt ihn platt mit einem Rad,
die Hennen gackern: „Das ist schad,
dieser Hahn wird uns nun fehlen,
man konnte ihm so viel erzählen".

Die Fliege

Welch ein lästiges Getier!
Immer kommt sie hergeflogen.
Stetig, scheinbar nur zu mir,
hat sie mich um meine Ruh betrogen.

Fliegt sie nicht weg, schlag ich sie tot.
Ich hole aus und schlag drauf ein,
doch habe ich damit so meine Not,
flink wie sie kann ich nicht sein.

Nun, so schnell gebe ich nicht auf
und schleiche mich an sie heran;
mir scheint sogar, sie wartet drauf,
dass ich sie erschlagen kann.

Mit lautem Surren fliegt sie weg –
und meine Mühe sie zu fassen
hatte leider keinen Zweck,
war vergebens! – Ich muss passen.

Spiele

Schau, wie leichtfüßig sie laufen und springen
beim fröhlichen Tanzen im Kreise.
Hör, wie sie herzhaft lachen und singen
auf ihre kindliche Weise.

Das Püppchen im Bettchen wird liebkost und getragen,
gewickelt, gekleidet und zärtlich umsorgt.
Mit Schminke und Armband spazieren gefahren,
von der Mutter werden die Schuhe geborgt.

Mit dem Schaukelpferd reitet der kleine Ritter aus;
er schlägt mit der Gerte, es wiehert das Pferd,
dann läuft er zur Sandburg schnell aus dem Haus,
greift nach einem Holzstock, das ist sein Schwert.

So spielen sie lustig von früh morgens bis spät
und haben kaum Zeit, einmal ruhig zu sein.
Erst wenn dann am Abend die Sonne untergeht,
wird es still und die Äuglein werden müde und klein.

Jeder Tag bringt etwas Neues, doch das Spiel hört nicht auf.
Aus der Kindheit wird Jugend, man spielt mit Liebe und Glück;
Stets verrinnt das Leben in schicksalhaftem Lauf,
so mancher Mensch wünscht sich in die Kindheit zurück.

Beim Spaziergang

Ich gehe dahin und beachte es kaum,
da fährt der Wind in das alte Gebälk.
Dann steh ich wie in einem alten Traum
und in langer Erinnerung ganz welk –
vor dem Hause dort, das lange schon
verlassen steht und unbewohnt.

Zwei alte Leute sitzen auf der Bank
und erzählen sich Geschichten.
Sie sind im Herzen beide krank,
wenn sie gegenseitig sich berichten –
wie es wohl wäre auf dieser Welt,
hätte das Schicksal es anders bestellt.

Ich sehe die beiden, im Geiste gedacht,
grad so, als wären sie wirklich noch da.
Ihre Hände berühren sich zärtlich, ganz sacht,
grau und schneeweiß ist ihr struppiges Haar.
Die Abendsonne wärmt ihr faltiges Gesicht,
in denen bisweilen eine Träne ausbricht.

Es half da kein Wehren mit Händen und Füßen,
kein Fluchen, kein Hadern mit dem eigenen Leben;
es wurde ihnen brutal aus den Händen gerissen,
um es der Ewigkeit zurückzugeben –
das einzige Kind, die Seele der beiden,
durfte nur wenige Jahre in ihrer Mitte bleiben. ▸

Was wäre wohl, wenn? So fragten sie bloß
ihrer Hoffnung beraubt und die Kräfte schon schwach.
Doch es musste wohl so sein, es war ihr bitteres Los.
Nur ihre Erinnerung hielt sie noch wach –
weil innerlich tot, schon lange gestorben,
so sind sie in trauerndem Schmerz alt geworden.

Nun sind die beiden schon lange nicht mehr,
sie gingen gemeinsam in die Ewigkeit.
Es war diese Reise ohne Wiederkehr,
und sie sind drüben auch nicht mehr zu zweit, –
denn sie haben ihre Seele gefunden
und sind nun für immer zu dritt dort gebunden.

Der Baum

Im Walde neben unserem Haus
da ruhe ich mich so gerne aus.
Hier finde ich vom Alltag Ruh
und höre so gern den Vögeln zu.

Ein kleiner Baum war da einst drin,
zu dem lief ich als Kind gern hin;
bewundernd sah ich ihn oft an,
wie er den Zeiten trotzen kann.

Mit jedem Jahr schaute ich jedoch
höher zu seinem Wipfel hoch.
Mir schien, sein Wachsen hört nicht auf,
er wächst in den Himmel ganz hinauf.

Mein Leben lang weiß ich nun schon,
dass er da steht dieser Baum.
Er bleibt sein Leben an diesem Ort,
kann von diesem Platz nicht fort.

Und so wie ihm geht es auch mir,
ich will nicht fort, nicht weg von hier.
Ein Stamm wächst eben nur heran,
wo er auch Wurzeln schlagen kann.

Nun ist der Baum schon in den Jahren,
reif zur Ernte, reif, ihn heimzufahren;
die Zeit sie wartet schon darauf,
sie holt uns ein in ihrem Lauf. ▸

Und sein Stamm, er wird einst fallen,
so geht es nicht nur ihm, so geht es uns allen.
Der Knecht, er setzt die Axt schon an,
dass er auch richtig treffen kann.

Doch er hat mir in meinem Leben
immer Kraft und Halt gegeben.
So wird es auch sein nach seinem Sterben,
denn man wird Bretter aus ihm schneiden;

und aus den Brettern wird ein Schrein,
da legt man mich dereinst hinein.
Mein Baum! Ja dann umarme mich,
so wie als kleines Kind ich dich.

Trauriger Alltag

Ich habe gesonnen Tag und Nacht,
doch hat mir alles nichts gebracht.
Ich habe getrauert um die Welt,
doch war die falsche Frucht bestellt.
Nicht Freundschaft und Zufriedenheit
führt uns durch diese „Neue" Zeit.

Es muss schon etwas Besonderes sein,
so wie ein guter, edler Wein;
denn scheinbar ist des Menschen Leben
nur zu nehmen, nicht zu geben.
Die Frucht des Lebens zählt nicht mehr,
nur Macht und Geld hat noch Gewähr.

Wer nicht mithält, der geht verloren,
ist zur falschen Zeit geboren.
Doch vielen hilft das Streben nicht,
ihre Mühe hat kein Gewicht.
Doch alles Leben hat ein Ende
und schau – sie ist schon da – die Zeitenwende.

Die Wiege

Von zarten Händen sanft bewegt,
begleitet von leisen Liedchen,
wiegt sich des Kindleins erstes Bett
in diesem schönen Stübchen.

Die Mutter, die das Kind da wiegt,
hat selbst schon drin gelegen;
man legte Lieb hinzu und Glück
und wünschte Gottes Segen.

Die Wiege schaukelt vor sich hin,
wie schon vor alten Zeiten;
es lagen gar viel Kindlein drin,
die nun den Lebensweg bestreiten.

Aber manches Kindchen wiegt es so sacht
in seinen Schlaf hinein,
dass es hier niemals mehr erwacht,
erst bei den Engeln fein.

Sternennacht

Des Tages Ende nahet still,
denn die Nacht hat nun begonnen.
Beendet ist das Schattenspiel,
die Finsternis hat es genommen.

Der Mond schickt seinen matten Glanz
hernieder in diffusem Licht,
bis dann erstrahlt ein Sternentanz,
der die kühle Luft durchbricht.

Dieses Funkeln, dieses Strahlen,
diese weite, stille Macht;
ahnungslos von den Gewalten
blicke ich in die Sternennacht.

Ewig dauert nun der Tanz schon an,
denn es wird nie ein Ende sein.
Niemand weiß, wann er begann
und wir sind mitten drein.

So schau ich lang und harre her,
versinke still in meine Träume;
weit in des Universum Sternenmeer
da sind wir Nichts, sind „Keine".

Morgenstunde

Kühl ist noch diese Morgenluft,
kühl, doch herrlich ist ihr Duft
und wie ein riesiger roter Mantel glühn
die Wolken die am Himmel stehn.

Frischer Morgentau liegt auf den Gräsern,
sehen aus im Sonnenstrahl wie gläsern;
wie Perlen zieren sie das Netz der Spinnen
und halten auch mich gefangen in meinem Sinnen.

Doch mit Gewalt befreie ich mich,
ich reiße mich los, bin wieder „ich"
und schau empor zum ersten Licht,
das die dunkle Nacht durchbricht.

Der Tag regt sich in der Natur,
es kommt ein Krabbeln und Kriechen und Flattern hervor.
Das Zwitschern der Vögel begrüßet den Tag
an dem alles Leben sich erfreuen mag.

Voll Lebensfreude holt er mich ein
des Morgens leuchtend glühender Schein,
und meine nackten Füße stapfen, ganz nass,
weiter durch das taugetränkte Gras.

Mode

Die Damen und auch die Herrn
kleiden sich halt allzu gern
ganz eitel, dass sie möglichst allen
andern auf der Welt gefallen.

Was Modeschöpfer ihnen sagen,
das wird in jenem Jahr getragen;
ob kurz, ob lang, ob eng, ob weit,
den Geschmack bestimmt die Zeit.

Enge Röcke, weite Blusen,
zu kleine Socken, zerrissene Hosen,
Schuhe – zum Gehen eine Qual –
als Blickfang reicht es allemal.

Nylon, Leder, Pelz und Gardinen,
alles kann der Mode dienen,
wenn es nur etwas Neues ist,
wofür man dann sein Geld ausgibt.

Einen Hut, mit ein paar Vögeln drauf,
setzen sie aufs Haupt sich auf;
darunter eine grüne, gelbe, blaue Mähne,
jetzt fehlen nur noch bunte Zähne. ▸

Zunge, Lippen, Wangen, Augen,
ja man kann es gar nicht glauben,
im Gesicht und überall
sind manche, scheint es, ganz aus Metall.

Ob es schön ist sei dahingestellt,
auch ob die Gesundheit dabei zählt.
Die Hauptsache ist, man ist dabei,
bei der Mode letztem Schrei.

Der Stamm

Im Rhythmus der Trommeln,
im stampfenden Schritt,
geschmückt mit Symbolen,
und Gesang tönet mit.

Die Waffen der Krieger
in erhobener Hand,
erklingen lautstark die Lieder
geeint im Stammesverband.

Trophäen der Kämpfe
fördern Kraft und auch Wut,
berauschende Getränke
verdrängen die Gefahr und stärken den Mut.

Sie tanzen seit Stunden
bis tief in die Nacht,
in Trance gehüllt
bekommen sie Jagdglück und Macht.

Die Geister der Ahnen
kommen lautlos heran,
sie stärken ihr Verlangen
und lenken ihre Bahn.

Das lodernde Feuer
wirft ein gespenstisches Licht
auf die Bewegungen der Körper,
auf das bemalte Gesicht. ▸

Sie werden nicht müde,
kein Schmerz, der sie plagt,
kein Verlangen nach Friede,
kein Gedanke, der zagt.

Die Trommeln dringen
in den tiefschwarzen Wald,
genau wie ihr Singen,
das ringsum verhallt.

Zwei Tage, zwei Nächte,
dauert die Feier nun an,
nun schwinden die Kräfte,
es fällt Mann um Mann.

Das Ritual hat ein Ende,
erschöpft ruhen sie aus,
die Zeit macht eine Wende
die Krieger gehen nach Haus.

Einfalt

Ach, wüsste ich nur was zu sagen,
könnte jammern, oder klagen;
doch nichts, nein, gar nichts fällt mir ein,
könnte ich doch nur gesellig sein.

Was gäbe es da nicht zu erwähnen?
Könnte gescheit und viel erzählen.
Wie ein weitgereister Herr
käme ich dann wohl daher.

Vielleicht sollte ich die Leute belügen,
mit Gestik und mit Worten betrügen,
geschickt mit der Rhetorik spielen,
dass alle lange Ohren kriegen?

Doch es heißt: „Nichts ist so fein gesponnen,
dass es nicht kommet an die Sonnen".
Darum lasse ich das Lügen lieber sein
und bleibe halt still, denn mir fällt nichts ein.

O lass es leise mich erfahren

O lass es leise mich erfahren,
was ich so sehr begehr;
ich frage die Erde, frage die Welten,
ich frage dich, wo kommst du her?

Gegenwärtig immerdar,
nie begonnen, niemals da;
unbegrenzt und überall,
selbst im fernsten Weltenall. ▸

So bleibst die Antwort du mir schuldig
in meinen kurzen Jahren.
Und wird mein Sinn auch ungeduldig,
du lässt mich ewig harren.

Was immer war,
was immer kommt;
alles ist dir untertan,
weil niemand dir entfliehen kann.

Armut

Es ist wirklich eine Schande
in der Stadt und auf dem Lande.
Sie stören meinen stolzen Gang,
meinen hochmütigen Blick;
sehen mich nur neidisch an,
ich blicke lieber nicht zurück.

Und wie sie wohnen, wie sie hausen,
diese Leute, diese Banausen.
Als würden Ratten sich verkriechen,
verschwinden sie in ihren Hütten.
und wie übel sie gar riechen,
so wie Amorphophallusblüten.

Mit Verachtung und Ruhmsucht
brumme ich einen an,
ob er nicht so wie andere
auch arbeiten kann.
Beschämt blickt er mir sogleich in die Augen,
und was ich da lese, das kann ich kaum glauben.

Am Abend beim Kartenspiel
geht es lustig her,
und Alkohol fließt
mit der Zeit immer mehr.
Als ich am nächsten Morgen in die Geldbörse gucke,
da wird mir plötzlich ganz anders zumute. ▸

Man hat mich belogen, man hat mich betrogen,
man hat mir mein letztes Hemd ausgezogen.
All mein Besitz, mein Hab und mein Gut, ist verspielt und
verloren, ja es ist fort,
ich geh lieber weg, lieber weg von der Heimat,
an einen anderen Ort.

Nun bin ich weit weg von meinem einstigen Gut;
ich kann es nicht sagen, wie weh mir das tut.
Mir zerspringt fast das Herz denk ich nur zurück
an die herrlichen Tage voll Reichtum und Glück.

Ich lehne an der Mauer, der offene Hut liegt vor mir,
nur ein paar kleine Münzen gönnet man mir.
Doch die meisten gehen mit Abscheu vorbei
und denken sich wohl, welch ein Ekel ich sei.

Die Schnecken

Gemütlich saß sie auf dem grünen Blatt
und fraß genüsslich vom Salat.
In der dunklen Nacht ist sie gekommen
und hat ihr Häuschen mitgenommen.

Doch kam sie nicht allein daher,
mehrere Dutzend folgten ihr
und speisten alle vom Gemüse,
das da im Garten herrlich sprießte.

Als dann das Morgenrot sich zeigte,
saßen bald Vöglein auf einem Zweige.
Die blickten keck und mit Begierde
auf die kleinen sich labenden Tiere.

Die Vöglein zauderten nicht lange und glitten
zu den Schnecken hin und pickten
die kleinen Tiere geschickt heraus
aus ihrem schützenden Schneckenhaus.

Nun waren sie fort, die meisten Schnecken –
des Gartens und des Gärtners Schrecken.
Gefressen vom Gefiedertier,
es blieb nur noch ihr Häuschen hier. ▸

Und Kinder, die die Häuschen fanden,
die trugen sie ganz schnell zusammen.
Sie fädelten sie auf einen Faden,
um als Schmuck sie um den Hals zu tragen.

So brachten die ungeliebten Schnecken
nicht nur dem Gärtner einen Schrecken,
sie waren auch Futter für andere Tiere
und für spielende Kinder eine Zierde.

Die Reise

Alles Gute wünschte man mir,
auf der Reise hin zu dir.
Man setzte mich einfach in den Zug,
doch war das wirklich klug?
Es weiß doch niemand, wie lange sie dauert
und welche Gefahr auf dieser Reise lauert.
An welchen Stationen der Zug wohl hält?
Und sind die Weichen auch richtig gestellt?
Wie sind wohl die Mitreisenden in diesem Zug?
Ganz bestimmt sind nicht alle gut.
Gar manche steigen sehr bald schon aus,
sie sind schon am Ziel, sie sind schon zu Haus.
Für andere dauert die Reise noch an,
doch wissen auch sie nicht, für wie lang.
Ständig steigen neue Gäste zu
und wollen einen guten Platz – wie du.
Jeder möchte bequem darin reisen,
in schönen Kleidern, gut trinken, gut speisen.
Doch die meisten reisen beschwerlich im Zuge der Zeit,
bis zur Station am Bahnhof der Ewigkeit.

Muttertag

Dein Blick und auch dein zärtliches Lachen,
deine Worte, die so glücklich machen
sind voll Wärme, voller Sonnenschein,
und dringen ganz tief in mein Herz hinein.

Ein Dank soll es sein von ganzem Herzen,
für deine Müh und deine Schmerzen.
Ein Dank für deine Liebe und Sorgen;
von klein auf war ich stets geborgen –

in deinem Herzen, in deinen Händen,
die alles nur zum Guten wenden.
Wenn auch die Zeit stets vorwärts hastet,
mich vieles auf der Welt belastet.

Wenn ich in deine Augen schaue,
dann weiß ich, dass ich wohl vertraue
dem Mutterherzen voller Liebe –
Gott gib, dass es noch lang so bliebe.

Darum –
nicht Silber und Gold will ich dir heute schenken,
nur sagen, ich will jeden Tag ganz lieb an dich denken.

Herbst

Im Menschen wird stiller das Gemüt,
es zwitschert nicht mehr wie im Frühling.
Mancher Nebel trübt ihm die Augen,
die Sonnenstrahlen dringen kaum hindurch.

Der Baum des Lebens hat ausgeblüht,
nur Erinnerungen können seine Gedanken noch schauen;
und der Sehnsucht, die ihn umgibt,
will er nichts mehr anvertrauen.

Er sieht den Blättern zu, wie sie fallen,
ganz allmählich den Winter vorbereitend.
Einmal vom Sturm heruntergerissen,
dann von der Sonne dazu bewegt.

Sie bedecken nun lautlos die Wege,
und die Spuren haben sie alle verhüllt.
Er schaut empor in die kahlen Äste des Baumes,
aber vom bunten Laub ist nichts mehr zu sehen.

Quo vadis

Urzeit, Steinzeit, Neuzeit, Allezeit.
Anfang ohne Beginn – Ewigkeit
Ende ohne Ende – Ewigkeit
Ewigkeit – ohne Zeit.

Element, Chemie, Verbindung, Struktur;
Werden, Vergehen, erstes Entstehen, neue Natur.
Wasser, Land, Pflanzen, Kreatur,
Ordnung, Chaos, Natur pur.

Strandgänger, Landgänger, Fußgänger, Flieger;
Versucht, verworfen, neu geordnet – immer wieder.
Fressen, gefressen, Verlierer und Sieger,
neue Formen, neue Arten, neue Zweige, neue Glieder.

Bewusstsein, Denken, Handeln, Planen,
Ritus, Glaube, Götter, Ahnen,
Herrschen, Beherrschen, Untertanen,
besser sein als all die anderen.

Fortschritt, Wachstum, Reichtum, Macht,
Chemie, Technik, Kunst und Pracht,
Elend, Armut, Zerstörung, Niedertracht,
Vergiftung, Vermüllung, Lethargie und Ohnmacht.

Ausreden, Überreden, Schwindel, Täuschung,
nicht sehen, nicht wahrhaben wollen, Beschönigung.
Falsche Hoffnung, falscher Frohsinn,
wie lange noch? Menschheit, wo gehst du hin?

Gleichheit

Eine Waage zeigt es mir an,
dass nicht alles gleich sein kann.
Der eine Sack ist voll und schwer,
der andere, er ist fast leer.

Doch auch wenn beide vollgefüllt,
der Inhalt ist es, der den Preis bestimmt.
Der eine Sack ist gefüllt mit Erz,
der andere nur mit Leid und Schmerz.

Dem Erz kann man ja ganz viel entnehmen,
ob Gold, ob Silber, ob Platin;
viele sieht man danach haschen,
es sind ja lauter edle Sachen.

Den anderen Sack lässt man gerne liegen,
den sollen lieber andere kriegen;
weil Leid und Schmerz gehn oft einher
mit Kummer, Armut, Spott und mehr.

Wühlt man im Sack mit dem Erz herum,
und sucht nach Güte, ach zu dumm –
man findet nichts, es hat keinen Sinn,
denn nur Stolz und Hochmut sind da drin.

Schaut man in den Sack mit Schmerz und Leid,
entdeckt man Verständnis und Herzlichkeit.
Doch kaum jemand kümmert sich um Sachen,
die im Leben nur Mühsal schaffen. ▸

Dieser Sack, nur lose zugebunden,
der liegt da am Rande viele Stunden.
Ist der Andrang von Menschen auch riesengroß,
für die meisten bleibt er bedeutungslos.

Der Andrang gilt ja auch dem andern,
auf den viele Blicke mit Neid hinwandern.
Hochachtung zollt man mit lobenden Worten gewählt,
weil er die angenehmen Dinge des Lebens enthält.

Doch da kommt aus der Menge jemand heran,
nimmt beide Säcke, trägt sie nach nebenan,
legt sie auf eine Waage und ruft laut und offen:
„Der Sack mit Erz wird zum Schmelzen ins Feuer geworfen!"

Spaß am Leben

Es ist kaum möglich für ein Kind,
vorbei zu gehn dort wo Pfützen sind.
Mit Freude springen sie hinein,
wo es plitscht und platscht da wollen sie sein.

Zu alledem ein Freudenschrei,
lautes Lachen ist auch dabei,
denn so ein Schlammbad ist sehr schön,
wenn es die Eltern auch nicht gern sehn.

Die Füße kann man wieder waschen,
genauso wie die anderen Sachen;
ein wenig Schmutz, der schadet nicht,
auch nicht in einem Kindergesicht.

Hüpfen sie ohne Stiefelchen rein,
so ist es für sie erst richtig fein.
Da sind sie dann so recht erquickt,
wenn's zwischen den Zehen den Schlamm durchdrückt.

Von übertriebener Ordnung halten sie wenig,
„Spaß am Leben" heißt ihr König.
Kinder wollen Kinder sein
und daran sollen auch wir uns freun.

Unbedacht

Wir lieben unsere Kinder nicht,
Liebe hat ein anderes Gesicht.
Wir machen ihnen bloß was vor,
Bequemlichkeit geht uns bevor.

Würden wir sie wirklich mögen,
viel mehr würden wir für sie wohl geben;
zwar nicht an Reichtum, Gut und Geld,
denn das ist nicht der Sinn der Welt.

Genügsamkeit und Achtung lehren,
dass sie nicht des Bösen Werk begehren.
Vorausgehen mit gutem Beispiel, guten Taten
und sie mit Erfahrungen beraten.

Konsumrausch und Verschwendung lernen sie kennen
und Geiz, den wir mit „geil" benennen;
Vernichtung der Menschen und der Natur,
üble Sachen machen wir ihnen vor.

Spielzeug zur Verfügung stellen,
wo Zeit und Spiel mit ihnen fehlen;
da schlägt das Kinderherz nicht hoch –
wir wissen 's, und wir machen 's doch.

Wir graben ihnen Gräber aus,
um zu genießen den Henkerschmaus;
denn bald beginnt ein neues Morden
und neu des Menschen Zukunftsorgen.

Reichtum und Geld

Die Menschen suchen nach Reichtum und Geld
grad so, als gäbe es nur das auf der Welt.
Sie bohren und graben ganz tief in die Erde,
auf dass man dort wohl fündig werde.

Tag und Nacht wird geschuftet ganz ohne Rast,
die Mühe scheint es wert, wird sie auch zur Last.
Der Hunger nach Geld, er wird zur Gier,
Gesundheit und Ehre geben sie dafür her.

Nach Jahren dann endlich haben sie es geschafft,
doch fort sind die Freunde und fort ist die Kraft.
Der Traum von dem Glanz hat einen Schleier bekommen,
denn Familie und Freunde sind abhanden gekommen.

Nur die Fesseln der Habgier, sie sind ihm geblieben;
er kann nicht mehr fühlen, er kann nicht mehr lieben.
Eines Tages dann sieht er dem Tod in die Augen;
den hasst er unendlich, er wird ihm alles rauben.

Liebe oder Triebe

Täglich hört man es erklingen
wie Menschen von der Liebe singen;
von morgens früh bis abends spät,
weil alles sich um Zuneigung dreht.

Die Sehnsucht ist schier unermesslich,
und die Liebe, sie scheint unvergesslich.
Da wird alles Gute und Schöne versprochen,
ein Leben lang wird es nicht gebrochen.

Ein Ring am Fingern besiegelt den Bund
und ewige Treue klingt aus dem Mund.
Im siebenten Himmel scheint man zu leben
und will alles für den anderen geben.

Doch die Zeit hat auch Zähne, oft spitz und oft scharf,
diese nagen und beißen auch zu bei Bedarf.
Aus dem Munde klingen bald schärfere Töne,
vorbei scheint die Liebe, das Glück und das Schöne.

Probleme und Sorgen tun das ihre dazu,
und vorbei sind der Friede und das zärtliche „Du".
Hände, die streichelnden, zärtlichen, weichen,
werden härter und rauer, sind nicht mehr die gleichen.

Vorbei sind die herzlichen, glücklichen Zeiten,
immer öfter kommt es zum Zanken und Streiten.
Da fragt man sich plötzlich: War es wirklich die Liebe?
Oder waren's am Ende gar nur die Triebe?

Narrenzeit

Nun ist wieder Faschingzeit;
ein jeder hat sein Narrenkleid.
Er zieht es an bis übers Haupt,
dass jeder an wen andern glaubt.

Er gibt sich plötzlich ganz anders im Leben,
will sein Bestes zum Narren geben.
So tanzt und springt er, lacht und singt,
ist von anderen Narren bald umringt.

Mit der Maske vor dem Gesicht
erkennt der Eine den Andern nicht.
Bald scheint's, er sei der beste Kamerad,
wie man nur selten einen hat.

Auch die Stimme ist ganz ungewohnt
mit der Larve vor dem Mund.
Die Worte klingen alle freundlich und fein,
es muss wirklich ein prächtiger Mensch dahinter sein.

Und zu vorgerückter Stunde
nach vielen Malen „Prost die Runde",
heißt es: „Demaskieren liebe Leute",
worauf sich schon ein jeder freute. ▸

Gar mancher steht nun da und staunt,
manch einer ist nicht mehr so gut gelaunt,
denn er erkennt nun voller Staunen
den lästigen Nachbarn mit seinen Launen.

O Faschingzeit, o Narrenzeit,
hältst das ganze Jahr etwas für uns bereit,
was wir wohl erst recht erkennen,
wenn andere die Maske vom Gesicht abnehmen.

Denk nur dran

Kaum dass sie ein Aug aufmachen
hört man schon ein fröhlich Lachen.
Lustig hüpfen sie in den Morgen
und durch den Tag ganz ohne Sorgen.

Ein heiteres Spiel bestimmt ihr Leben
in dem sie das Glück auch weitergeben.
Ist man im Herzen nur bereit,
erlebt man von neuem die Kinderzeit.

Unbeschwerte, schöne Stunden
genießen und mit Lust bekunden,
dass man sich am Leben freue
mit Liebe und mit Herzenstreue.

Was morgen sein wird, es hat Zeit;
sie nehmen es mit Gelassenheit,
mit Freude und mit Zuversicht,
weil es was Neues uns verspricht.

Sie leben wie die Vögelein
und freuen sich am Sonnenschein.
Wenn Regen kommt, dann soll er kommen,
ein neues Spiel wird dann ersonnen.

Die Zeit kann man nicht rückwärts drehn,
wäre es manchmal auch wunderschön.
Bleib auch du ein Kind, im Herzen jung,
dann macht das Alter dich nicht krumm.

Liebe

Es gibt kaum etwas Schöneres auf Erden,
als von jemandem geliebt zu werden.
Es fühlt sich wie im Himmel an,
dass man die Welt umarmen kann.

Der Liebe Blick, er sagt so viel,
ein liebes Wort kommt mit Gefühl,
ein lieber Kuss, das Herz zerspringt,
eine liebe Hand, die dich umschlingt.

Ein lieber Gedanke springt hinüber,
eine liebe Zeit geht schnell vorüber,
ein lieber Brief mit netten Zeilen,
eine liebe Zeit da zu verweilen.

Liebe, die die Welt umspannt,
gehen mit der Liebe Hand in Hand,
mit Liebe auf den Nächsten schauen,
mit großer Liebe auf Gott vertrauen.

Wasser

Willkürlich kommt es aus der Tiefe,
war lange Zeit dem Auge verborgen,
dass es den Bund mit dem Leben schließe,
ist es wieder neu geboren.

Strebsam, als könnt's etwas versäumen
strömt es seinem Ziele zu.
Oftmals stürzt es wild aufschäumend
und manchmal sucht es stille Ruh.

Mit seinem Wandern steigt die Kraft,
es gräbt die tiefe Schlucht;
es formt den Fels mit Urgewalt,
bis es ein weites Tal aufsucht.

Den abgetrennten groben Stein
nimmt es mit auf seine lange Reise
und schleift den großen Brocken klein
auf seine ganz besondere Weise.

Endlich fließt der breite Strom
in tiefe, weite, wilde Meere,
von dort kehrt es in Wolken wieder
und regnet sanft auf die blühende Erde.

Hass

Hass hat spitze Zähne, spitze Ohren,
ist nicht aus der Liebe geboren.
Er sticht und schneidet tief hinein,
es gehet dir durch Mark und Bein.

Mit falschen Karten ein falsches Spiel,
nur Eigennutz und kein Gefühl.
Kalter Atem tritt aus dem Rachen,
mit Hinterlist will er Streit entfachen.

Hass hat eine scharfe Zunge,
gespalten wie bei einer Schlange.
Giftig klingt es aus seinem Munde
und Friede herrscht zu keiner Stunde.

Hass, er lässt die Seele erfrieren
und das Gewissen nicht mehr spüren.
Abgrundtief steigt er hinab,
oftmals bis ins kühle Grab.

Der Spiegel

Lange Zeit begriff ich nicht,
wer er wohl sei, der kleine Wicht.
Dann später erst leuchtet's mir ein,
das muss wohl ich im Spiegel sein.

Es war ein sonderbares Spiel,
das mir zu jeder Zeit gefiel,
viel Gestik hab ich da probiert;
er tat's mir nach, ganz ungeniert.

In den eitlen Jahren der Jugendzeit
habe ich mich über ihn gefreut.
Doch ich weiß, dass er auch anders kann,
sieht er mir meine Laune an.

Er ist mein Freund in schönen Tagen,
mein Feind, will ich mein Weh ihm klagen.
Bisweilen hab ich Zorn auf ihn,
dann werfe ich ihm böse Blicke hin.

Manchmal macht sein Schliff mir Sorgen,
zu vieles bleibt mir da verborgen.
Er fängt ganz wortlos an zu lügen
und mich heimlich zu betrügen. ▸

Aus groß und schlank macht er geschickt
alles klein und rund und dick.
Und umgekehrt: Aus dick und klein
lässt er groß und schlank mich sein.

Jeden Tag schau ich ihn an,
ob ich an ihm was ändern kann,
das meinen Stolz noch mehr beflügelt,
weil er meine Arroganz nicht zügelt.

Ich will das meiste ihm ja glauben,
doch lass ich mir mein „Ich" nicht rauben –
leg ihn weg oder dreh ihn um,
sonst macht er es mir vielleicht zu dumm.

Dann hau ich ihn am End in Scherben,
dass hundert Teile daraus werden.
Mein Spiegelbild ist dann zwar hin,
doch ich bleib weiter der, der ich bin.

Fastenzeit

Nun hat sie beendet das närrische Treiben
und mahnt uns zur Besinnung ein.
Wir sollten uns nun mit Vernunft bekleiden
und wieder einmal genügsamer sein.

Entspannung vom Alltäglichen finden,
Einkehr bei sich selber halten,
keine Gedanken an Sinnloses binden,
Stunden des Verstehens erhaschen.

Kein Wort über andere verlieren,
nicht die Sprache der Anderen sprechen,
den Mund mit geduldigem Schweigen zieren,
den Versuch der Versuchungen zerbrechen.

Die Welt mit verklärten Augen sehen,
fliehen aus der Gefangenschaft,
die Wege ohne Umweg gehen,
Gemeinschaft ohne Vorherrschaft.

Hören ohne hinzuhören
was Seele und auch Herz vergrämt,
wenn Widersacher sich empören
und falsches Wort den Frieden stört.

Versöhnend statt vergeltend handeln,
verständnisvoll und hilfsbereit,
und mit Liebe alles wandeln;
auch das ist Fastenzeit.

Kinderträume

Gesponnen aus der Welt der Märchen,
gewebt in den Stoff der Fantasie;
bedruckt mit wunderbaren Farben,
genäht zu einer Träumesymphonie.

Wie Feen schweben sie heran,
ganz sachte und ganz leise;
sie tanzen im Kreise und singen sodann
mit hellen Stimmen ihre herrliche Weise.

Dann rufen sie Zwerge und Vögelein herbei
und Pferdchen und Püppchen zum Spiel.
Das Traumland ist üppig, es hat vielerlei,
was das Kind da drinnen erleben will.

Träumt es von Riesen und von Drachen
versucht es schnell zu fliehen von dort.
Es schlägt wild um sich mit Spielesachen,
und sucht im Traum einen schöneren Ort.

Und wenn der Sandmann einst nicht mehr kommt,
wenn er langsam geht aus seinem Leben,
weil die Jugend das Kindlein holt,
dann wird es andere Träume geben.

Was ist los?

Was ist los mit unserer Erde,
weil sich alles gar so sträubt?
Warum setzt sie sich zur Wehr,
wenn man sie ganz leis betäubt?

Warum will sie es nicht dulden,
dass der Mensch sie so beraubt?
Was sollte ihr der Mensch gar schulden,
wenn er an die Zukunft glaubt?

Sie verträgt nicht diesen Wandel,
den der Mensch ihr antun will.
Gefällt ihr denn nicht dieser Handel:
ihre Schätze gegen Müll?

Sie jammert, will gar kränklich sein,
wehren will sie sich dagegen.
Luft und Wasser möchte sie rein,
und sie bleibt stur auf ihren Wegen.

Dann beginnt sie einen Kampf,
schickt Sturm und Fluten übers Land;
zerstört des Menschen Zukunftstanz
und nimmt es in die eigene Hand.

Vernichtend räumt sie alles nieder,
was der Mensch sich aufgebaut;
nimmt sich einfach alles wieder,
was der Mensch ihr einst geraubt. ▸

Mit geschmolzenem Eis ertränkt sie
alles, was am Wasser wohnt.
Und ohne Schutzschild, da verbrennt sie
Menschen, Tiere und das Land.

Lässt Flüsse trocknen, Berge stürzen
und holt die Strahlen noch heraus.
Sie will die eignen Waffen nützen –
und der Menschen Kampf ist aus.

Der Phantast

Ständig sinnt er dahin:
„Was könnt' ich sein, und wer bin ich?".
In seinem Kopf, da geht es rund,
er sinniert zu jeder Stund.

Wenn ich doch hätt, ja, wenn ich tät,
aber ist es dafür nicht zu spät?
Ach hätt' ich doch einmal das Glück,
ich dreht' die Zeit noch mal zurück.

Die Uhr noch mal zurückzudrehen,
das wäre wahrlich doch zu schön.
Es bliebe dann nur noch die Frage,
was wäre an dem andern Tage.

So versinkt er wieder in Gedanken
die einmal hin, dann her sich wanken
und macht er was, so fragt er dann,
ob er 's nicht anders machen kann.

Er kommt somit nie an ein Ziel,
denn er weiß nie recht was er will;
wird folglich niemals ein Gewinner,
weil er ist und bleibt ein Spinner.

Hörst du das Rauschen der Bäume

Hörst du das Rauschen der Bäume –
wie sie sich wiegen im Wind?
Siehst du das Fallen der Blätter –
wie verlassen sie nun sind?

Losgerissen vom Baum des Lebens
siehst du ihnen beim Fallen zu;
jedes Blatt wie ein Tag deines Strebens
begeben sie sich nun zur Ruh.

Hinunter zur Erde sich wiegend,
bedeckend den schmalen Pfad.
Für immer am Boden liegend,
beraubt ihrer herrlichen Pracht.

So fällt dahin im brausenden Wind
des Baumes prächtiges Kleid,
und der wartet geduldig den Winter hin,
bis zur neuen Frühlingszeit.

Der Berg

Emporgehoben aus der Tiefe
vor unendlich langer Zeit
ragt er in die höchsten Lüfte,
umweht vom Sturm, bedeckt von Eis.

Wolken umhüllen seinen Gipfel,
Donner grollt um ihn herum;
Felsen stürzen in die Tiefe,
die Natur lässt ihn nicht ruhn.

Bäche fließen herab wie Tränen,
Gletscher hobeln sein Gesicht;
riesig große Steinmoränen –
und ein wunderschönes Licht.

Leben bringt er in Gefahren,
schickt Lawinen ins Tal hinab;
die alles unter sich zermalmen
und schaffen dort ein eisig kaltes Grab.

In die Klüfte dringt das Wasser,
bildet Gänge, Höhlen aus;
Wunderbare dunkle Welten
formt es mit der Zeit daraus.

In seinem Innern birgt er Schätze
die die Menschheit sehr begehrt;
Salz und Edelstein und Erze
sind ihm Gefahr und Leben wert.

Sein Marmor ziert Paläste und Dome,
doch das schlägt Wunden in sein Herz;
reich ist, wer da göttlich wohne,
und in den Glocken schlägt sein Erz

Wild zerklüftet ist sein Rücken,
Schluchten furchterregend schön.
Kräften die ihn niederdrücken,
muss er stetig widersteh'n.

Tier und Mensch

Lang vor den Menschen herrschte es hier,
dem Meere entstiegen – das wilde Getier.
Es hat sich verändert, hat sich angepasst;
der Natur unterworfen, Kompromisse gefasst.

Fressen oder gefressen werden
war immer das Gesetz auf Erden.
Ein Tier scheint von diesem wohl verschont,
jenes, das in Häusern wohnt.

Und nun besiedelt dieses Tier
die Welt mit unstillbarer Gier.
Es macht sich alles untertan
und zeigt, wie es brutal sein kann.

Die Jagd ist ihm nur noch Vergnügen,
es wird gemordet und vertrieben;
ob im Wasser, ob an Land,
wer Konkurrent ist, wird verdammt –

gehasst und verfolgt und wird ausgerottet
oder in engen Käfigen eingemottet;
und was ihm nützlich scheint und wert,
wird zur Ware, ist begehrt. ▸

Die einen geliebt, voll Stolz präsentiert,
die andern ohne Mitleid zum Schlächter geführt.
Eine Gleichheit kann es wohl niemals geben,
immer gibt einer für einen andern das Leben.

Es kommt halt drauf an, wer ist höher gestellt
mit Klugheit und mit den Waffen der Welt.
Dennoch, Tiere können gefährlich sein,
Menschen aber sind böse obendrein.

Die Nacht

Vom Dunkel beherrscht, nur düster beleuchtet,
ziehen die Stunden dahin.
Geisterhaft haben Nebel sich angefeuchtet
mit schaurig schwermütigem Sinn.

Viel Argwohn drängt sich mit ihr vor,
die Finsternis hat sie umschlungen
und nächtliche Wesen kommen empor,
die oft nur in dunklen Gedanken schlummern.

Geräusche und Stimmen, Rufe und Wind,
alles klingt plötzlich anders, mal nahe, mal weit;
seltsame Töne wie ein jammerndes Kind,
Vertrautes schlüpft in ein anderes Kleid.

Die bunten Farben in all ihrer Pracht
die Wiesen, die Felder, die ganze Natur,
holt sich die Dunkelheit in jeder Nacht,
bedeckt sie mit einem riesigen Trauerflor.

Umgibt uns die Nacht einst in ewiger Ruh
und kein Sternenlicht dringt zu den Augen mehr vor,
deckt uns scheinbar die Finsternis zu;
doch nein, wir sehen zu strahlendem Lichte empor.

Die Schule

Die schöne Kindergartenzeit
war voller Lust und voller Freud.
Den ganzen Vormittag nur spielen,
sich richtig gut geborgen fühlen.

Dies war einmal, es ist vorbei;
was kommt, ist nicht so einerlei,
denn nun beginnt der Ernst des Lebens,
jetzt beginnt die Zeit des Strebens.

Mit einer Tüte süßer Sachen
will man dir die Schule schmackhaft machen.
Doch die Tasche auf dem Rücken
muss man mit Heft und Stift bestücken,

mit Büchern und mit anderen Dingen,
und gute Noten nach Hause bringen.
Die Ungewissheit sitzt dir im Nacken,
wie es denn sein wird? Wirst du's packen?

Dann kommt der große Augenblick,
von nun an gibt es kein Zurück!
Ins Klassenzimmer geht's hinein
Und dort heißt's von jetzt an aufmerksam jetzt sein.

Ganz still sitzen, auf den Lehrer hören,
nicht unartig die Ruhe stören.
Es fällt am Anfang gar nicht leicht,
dass man des Lehrers Wunsch erreicht. ▸

Schon beginnt er die Kinder zu befragen,
sie sollten ihm die Antwort sagen:
Ihre Namen, und was sie schon können,
und viele Dinge ihm benennen.

Von nun an wird's so weitergehen,
man wird für Jahre die Schule von innen sehen,
bis dann der letzte Schultag naht,
wo vieles dann ein Ende hat.

Doch das Lernen hört nicht auf,
es ist Begleiter durch den Lebenslauf.
Da wird Einer dem Anderen ein Lehrer sein,
dem Jungen, dem Alten, ob groß oder klein.

Die sterbende Mutter

Lange sitze ich an deinem Bett
in dem du müde ruhst.
Unsere Worte wandern weit weg,
wo du nach Kindheit und Jugend suchst.

Vieles hast du schon vergessen,
vieles ist für dich nicht mehr da.
Die Geisteskraft, die du besessen,
die dein Stolz in deinem Leben war.

Ich will dir helfen in deinen Träumen
und erzähle, was wir erlebt,
als ich unter blühenden Bäumen
die Hände nach dir ausgestreckt.

Dann leuchtete nicht nur die Sonne,
auch dein Gesicht strahlte mich an.
Wir waren voller Glück und Wonne,
nahmst du mich zärtlich in den Arm.

Als Kind war ich deine Seele,
deine Freude und dein Glück;
und wenn ich dir jetzt so erzähle,
kehrt alles noch einmal zurück.

Ein Lächeln strahlt aus deinem Gesicht
und deine Augen glänzen wie Sterne.
Uns ist die Zeit so schnell entwischt,
es liegt nun alles in weiter Ferne. ▸

Der Sternenglanz in deinen Augen
und das Lächeln auf deinem Mund,
sie verraten mir deinen Glauben,
der oft dir half in schwerer Stund.

Und schwere Stunden gab es viele,
voll von Sorge, Kummer und von Not.
Um mein Wohl in deinem Sinne
und oft auch um das tägliche Brot.

Nun reichst du mir noch mal die Hand,
zu einem Abschiedsgruß.
Du fühlst, dass dieses treue Band
jetzt zerrissen werden muss.

Ein letzter Blick, auf mich gewendet,
dann gehen die Augen müde zu.
Ein Buch ist voll, ein Leben endet;
du gehst zur ewigen, seligen Ruh.

Was bleibt sind Tränen und der Schmerz
der mich im Herz zutiefst berührt.
Mein Blick richtet sich himmelwärts,
wohin nun ein Gebet mich führt.

Ein leises „Danke" an die Mutter,
ein leises „Bitte" an unsern Gott
geht fast in meinen Tränen unter,
so groß ist meine Selennot. ▸

Ein Kreuz male ich auf deine Stirn
und gebe dir meinen letzten Segen,
damit du Frieden findest bei unserm Herrn
und auch das ewige Leben.

Der Tod, er nahm des Lebens Joch
von dir und lässt dich ruhn.
Ich muss noch warten, weiß jedoch,
an mir, da wird er Gleiches tun.

Elterngrab

Auf dem kleinen Acker blühen Blumen,
eingekränzt von einem Stein,
sie wiegen sich und Bienen summen,
süß küsst sie der Sonnenschein.

Die Blumen blühen wie einst das Leben
das nun unter ihnen ruht,
und wollen mir noch Hoffnung geben
und wieder frischen Lebensmut.

Ein Kreuz und eine Tafel dran,
zwei Namen sind darauf geschrieben,
es steht hier schon jahrelang
nur Erinnerung ist geblieben.

Diesen Acker will ich pflegen,
solange ich kann und ich es vermag,
bis auch ich dann werde hier liegen
man weiß nicht, wann er kommt der Tag.

Dann wachsen wieder Blumen drüber
ein Name mehr steht auf dem Stein.
Wer wird dieses Grab dann schmücken?
Werden es nur die Blumen sein?

Zeitlos

Gedanken gehen durch die Zeit,
die mir nur kurz beschieden.
Die Zeit in ihrer Grausamkeit
gibt nichts, was schon gewesen.

Nur ein Geplänkel, ein Ringelspiel
lässt sie in mir zurück.
Dass in Erinnerung ich verharre,
das ist mein verblieb'nes Glück.

Zeitlos bin ich hier gefangen
bis der Höchste ruft.
Zeitlos ist die Ewigkeit;
Zeitlos ist die Zeit.

Die Glocken

Aus hartem Felsen einst gehauen
und geformt von Menschenhand
rufen sie von hohen Türmen
zum Gebet, Gott zugewandt.

In christlich frommer Feierstunde
verkünden sie weit hinaus ins Land,
dass der Mensch ist mit Gott im Bunde
und ihn preist mit Herzensdank.

Auch zum Traualtar sie führen
mit dem freudevollen Klang
begleitet von den Jubelchören
und mit lieblichem Gesang.

Ein letztes Mal wollen sie dir klingen,
wenn man dich zum Grabe trägt.
Stimmen ein in das bittere Weinen
derer, denen man am Herzen liegt.

Ein Schritt zu viel.

Mit kleinen Schritten ohne Zeit,
so ging es Jahrtausende voran.
Nicht eilig und auch nicht sehr weit,
der Geist hat sich noch schwergetan.

Doch dieser Geist, er wuchs heran
und er entdeckte neue Wege.
Fast stetig ging es leicht bergan,
beharrlich wohl und doch auch träge.

Die Schritte wurden größer, schneller,
dann lief er plötzlich schon nach vorn.
Sein Schaffen, es wuchs immer höher,
da war der neue Mensch gebor'n.

Der lief von einem Ziel zum andern,
dabei erfand er auch die Zeit.
Die drängte ihn, noch mehr zu handeln,
hielt sie doch viel für ihn bereit.

In seinem Hunger nach was Neuem,
nach Fortschritt, Technik, Industrie,
begann er rasend schnell zu rennen
und einen Raubbau wie noch nie.

Dabei vergaß er auf das Leben,
auf das, was seine Wurzeln sind.
Natur und Umwelt blieben liegen,
weil er nur noch rennt und rennt. ▸

Er rennt – der Abgrund ist vor ihm,
doch er sieht die Klippe nicht;
und schon war 's ein Schritt zu viel
sein Rennen hat, so scheint es, mehr Gewicht, –

denn auch im Fallen rennt er weiter,
obwohl das Ende schon am Grunde naht.
Wie besessen, keinesfalls gescheiter,
und statt der Umkehr geht's bergab.

Kinderlachen

Ein Kindlein kann so selig machen,
schaut man auf seinen kleinen Mund.
Das kleine, noch verkrampfte Lachen
macht so glücklich jede Stund.

Ergibt man sich dem kleinen Leben
und lächelt freundlich ihm zurück,
erfährt man Liebe, die ganz ergeben
tief sich in ein Herz eindrückt.

Auch später, wenn nach ein paar Jahren
das Kind schon deine Sprache spricht,
an Dankeslächeln wird es nicht sparen,
wenn es dir liebevoll ein Blümlein bricht.

Ein Lächeln aus dem Kinderauge
gehört nur dir, nur dir allein!
Es sagt dir Dank für deine Liebe,
es sagt dir Dank für deine Treu'.

Geht es nicht mehr wie in jungen Jahren,
dass du es wiegst auf deinem Schoß,
wirst durch sein Lächeln du erfahren
einen herzig, innig lieben Gruß.

Ist dann dein Kind schon groß geworden,
sein Lächeln hält dich noch im Bann;
denn wie täglich neu geboren
lacht sein Mund dich strahlend an.

Ein Kind schaut in die Welt hinein,

Ein Kind schaut in die Welt hinein,
ganz unbeirrt von Last und Pein.
Es hat's wohl gut in Mutter's Schoß,
denkt nicht, was sein wird, wenn's mal groß;
Es gibt uns allen Sonnenschein,
bringt Leben in ein Haus hinein.
Wenn man sorget Tag und Nacht
und Gott der Herr es gut bewacht,
wird einst ein Stern am Himmel stehen
dessen Licht nur jene sehen,
die nicht an der Liebe vorübergehen.

Der Herbst des Lebens

Hör nur das Rauschen der Bäume –
wie sie sich wiegen im Wind.
Schau auf das Fallen der Blätter –
wie verlassen sie sind.

Losgerissen vom Baum des Lebens
fallen sie der Erde zu.
Jedes für einen Tag deines Strebens
begeben sie sich hin zur Ruh.

Sie legen sich nieder zur Erde,
des Glaubens an den Frühling bedacht,
wo ein Spross ihres seligen Sterbens
dann in wärmender Sonne erwacht.

Die Spinne

Ach Spinne, wie ich dich verachte,
Panik bricht in mir hervor.
Wenn ich dich nur so betrachte,
kommt es mir wie ein Alptraum vor.

Mit deinen ach so langen Beinen,
rennst du schnell und leise davon.
Hinter dem Kasten hast du einen
Platz, da wartest du dann schon –

Darauf, dass dich niemand stört.
Und nachts, wenn ich im Schlaf mich strecke,
kommst du, weil dich keiner hört,
auf meinen Polster, meine Decke.

Aber auch in kleine Höhlen
baust du dein Versteck hinein,
zwischen Steinen und auf Bäumen
und selbst im Wasser bist du daheim.

In deinem fein gesponnenen Netz
lauerst du dem Opfer auf;
kunstvoll hast du es gewebt,
geschickt bewegst du dich darauf.

Dein Biss ist schmerzhaft, lähmend, tödlich,
und hundertfach ist deine Art.
Dich zu tolerieren ist mir nicht möglich,
an dir bleibt mir die Sympathie erspart.

Besorgt

Sie sehen alles lieblich und unverblümt,
sind mit den Tieren ganz versöhnt,
mit der Welt und auch den Menschen,
ohne lange nachzudenken.

So sind sie, die Kinder dieser Welt,
bei denen nur Liebe und Geborgenheit zählt.
Unschuldsaugen, Naivität und Vertrauen,
anstatt Argwohn, Sorge und Misstrauen.

Augen, die ein Lächeln suchen,
Hände, die viel Zärtlichkeiten brauchen,
Ohren, die kosende Worte verlangen,
Herzen, die um Liebe bangen.

Doch es ist nicht nur der Mensch allein,
Gemeinsamkeit kann es nur sein.
Mit allen Geschöpfen im Verband,
wie bei den Menschen Hand in Hand.

So war es stets, so wird es bleiben,
kein Keil soll es auseinendertreiben.
Und was geschafft in Müh und Not,
das trennt nichts, auch nicht der Tod. ▸

Wenn des Lebens Drang sich füllet
und den Durst des Triebes stillet,
dann kommt neues Leben schnell heran,
welches wirkt und schaffen kann.

Und wenn vorüber ist die Zeit
von Schaffen und Genügsamkeit,
dann ist vorüber wohl die Stunde
in der man lebt mit vollem Munde.

Vorweihnacht

Die Bäume sind schon kahl und leer,
ein eisiger Wind bläst aus Ost daher.
Der Frost geht nicht mehr aus dem Boden,
stürmisch fallen weiße Flocken.

Der Advent lädt zum Besinnen ein
und alle Menschen sollen sich freu'n,
weil die Weihnacht naht heran,
mit der einst das Heil begann.

Dieses Heil berührt die Menschen
alle, die an Liebe denken.
Sie danken dem Herrn Jesus Christ,
dass er zu uns gekommen ist.

Zu Weihnacht wollen wir uns besinnen,
bei Kerzenglanz und hellen Stimmen
vor dem Weihnachtbaum, der, schön geschmückt,
alle Menschen fromm beglückt.

Weihnacht sollte immer sein,
nicht nur zur Winterzeit allein,
denn diese Freude, dieser Frieden,
sei uns allen allezeit beschieden.

Adventzeit

Advent, du Zeit der Vorfreude,
Advent, du Zeit der langen Nächte,
der langen Nächte der Stille.
Advent, du Zeit der Hoffnung,
der Hoffnung auf Frieden.
Advent du Zeit des Wartens,
des Wartens auf den Erlöser.

Advent, du Zeit der Vorfreude,
der Vorfreude auf die Geschenke.
Advent, du Zeit der langen Nächte,
der langen Nächte am Glühweinstand.
Advent, du Zeit der Hoffnung,
der Hoffnung auf die richtige Auswahl der Geschenke.
Advent, du Zeit des Wartens,
des Wartens an den Einkaufkassen.

Der Schneemann

Als nach einer stürmisch kalten Nacht
die Kinderlein vom Schlaf erwacht
und ihre Näslein an das Fenster drücken,
da jubeln sie laut vor Entzücken.

Der Winter ist über Nacht ins Land eingekehrt
und hat uns allen eine weiße Pracht beschert.
Nun können die Kinder es kaum erwarten,
sie wollen in den schneebedeckten Garten.

Dort werden sie einen Schneemann machen
mit einer großen Nase und einem freundlichen Lachen.
Vor dem Stubenfenster muss er steh'n,
der Schneemann, groß und wunderschön.

Bald selbst schneeweiß und doch voller Eifer
wächst der Schneemann immer weiter.
Ein Kind holt einen alten Topf
und setzt ihn dem stummen Mann auf den Kopf.

Ein anderes eilt ganz schnell in die Küche,
für die Augen und Knöpfe holt es große Nüsse.
Für die Nase finden sie einen Tannenzapfen;
In den Armen darf er einen Besen halten.

Und für den Mund bekommen sie, welch Glück,
von einem roten Apfel ein kleines Stück.
Das drücken sie ihm schnell ins Gesicht,
jetzt ist er fertig, der lustige Wicht. ▸

Die Augen, die Nase, ein lachender Mund,
ein prächtiger Schneemann, sein Bauch ist kugelrund.
Mit frierenden Händchen und die Wangen ganz rot
geht es nun hinein in die Stube ganz hurtig und flott.

Sie laufen zum Fenster und staunen ihn an,
den dicken, den freundlichen, schneeweißen Mann.
Ein Kind jauchzt laut auf und sagt ganz verschmitzt:
„Da muss er jetzt stehen, bis die Sonne ihn schmilzt."

Zur Weihnachtzeit

Tief verschneites, weißes Land,
in der Natur herrscht Stille.
Der Winter formt mit kalter Hand
frostig schöne Eisgebilde.

Schneebedeckt sind Baum und Strauch,
sehn aus wie weiße Riesen,
und ein eisig kalter Hauch
weht flüsternd über frostige Wiesen.

Ein junger Mann stapft in den Wald;
er holt ein Bäumchen heim,
damit die Kinder alle bald
sich an seiner Pracht erfreuen.

Dann stehen sie vor dem Lichterglanz
und singen fromme Lieder;
es ist wie ein erfüllter Traum,
das Christkind, Gottes Sohn kommt wieder.

Alle Jahre wieder

Alle Jahre wieder,
Stress und fromme Lieder.

O du stille Zeit,
am Glühweinstand wird's lustig heut.

Tauet Himmel
und lass brav die Kasse klingeln.

Leise rieselt der Schnee
bei Schnaps, bei Bier und Rum mit Tee.

Wir sagen euch an,
wie man das Ersparte ausgeben kann.

Süßer die Glocken nie klingen,
wenn wir ein fröhliches Prost ansingen.

O du fröhliche
Einkaufzeit, du unendliche.

Morgen Kinder wird's was geben,
da werden wir von Krediten leben.

Stille Nacht,
weil der Mann aus dem Rausch nicht erwacht.

Kommet ihr Hirten
und lasst mit Punsch euch bewirten.

Kinderweihnacht

Erwartungsvolle lange Tage,
Augen wie von Licht durchstrahlt;
betende fromme Kinderhände,
denn das Christkind kommt nun bald.

Draußen schneit es dicke Flocken,
heute ist es nun so weit.
Der Christbaum ist ganz schön geschmückt;
endlich ist nun Weihnachtszeit.

Frommes Singen, frommes Beten,
dass das Christkind es auch hört.
Dann ein langer Blick durchs Fenster,
ob es auch gleich kommen wird.

Da, ein Huschen und ein Rauschen,
schnell jetzt von dem Fenster fort.
Päckchen liegen unterm Christbaum,
doch das Christkind ist nicht dort.

Nur ein paar Haare hat es verloren,
Haare glitzernd wie aus Gold;
man weiß, das Christkind hat es heute eilig,
weil es ja alle beschenken soll.

Ein Dankgebet noch an das Christkind,
dann schnell die Päckchen aufgemacht.
Das Christkind hat den Wunsch erfüllt
und das Kinderherz nun lacht.

Wie mir der Schnabel gewachsen ist
Wia ma da Schnåbi gwåchsn is

Gedichte in Mundart

A Leitn

A Leitn is a Hügl,
is a åbschüssigs Trumm.
Håt a jeds sei Gweri,
kimmst nit drum herum.

A Leitn is a Beri,
då gehts beriauf,
auf da åndern Seit åbi,
då kimmst eam båid drauf.

Beriauf is a Plåg,
då muaßt di schindn an Eicht,
wånn da neamand net hilft
und s'Glück vo dir weicht.

Beriåb då geht's leichter,
då kuglst vo selbm,
bist ausgråst und heiter,
aus dir blinzlt da Schelm.

A Leitn kånnst bezwinga
is's leicht oder schwa;
solång d'Leitn nöt zum Leidn wird
is zum Aushoidn a.

Wånn si d'Leitn dånn zum Leidn draht,
dånn wird's unwohl in dir;
woaßt nöt, wias di drah soist
so kimmts da dånn vür.

Da finsta Himmö

Gråd is nu schë woam
d'Sunn leicht åwa auf uns.
Do d'Schwåibal dö zoagn,
es gibt båid an Guß.

Sö fliagn scho so tiaf
und es druckt scho a weng.
Ma gspiats in da Luft,
das s'Wetta si wendt.

Über Mettmach stockt's auf
so berghohe Türm.
Wås wird ebba draus?
Wern gwiß gwåitigö Stürm.

Iatzt kemmans scho näher,
sö wernd åiwei mehr.
Und von weitn hert mas donnern
es kimmt grausli daher.

Und kaum verschwindt d'Sunn,
weil's d'Woikn vadöckt,
kimmt da Wind ausm Nix,
dass oan fåst schröckt.

Då siagt mas aufblitzn
und an Kråcha gibts drauf.
Nu schnell åis ånizua bråcht
und dånn eini ins Haus. ▸

A Kerzn aufgstoit an Winkl hibei,
und g'hofft, dass nix z'nicht.
Dass nix Schlimmers nöt g'schah,
wird da Herrgott nu bitt.

Gråd schaut ma nu um,
då kimmt scho da Wind
und s'Vieh auf da Woad
schaut, dass an Unterstånd findt.

Dös aufghengtö Heu
reißt da Sturm von da Hoazn
und geht's öfta so zua,
wird's im Winta zum Rauzn.

A Blitzn, a Kråcha
in oan gehts dahi,
es wird scho s'noudigstö zåmgricht,
aufm Ståi schaut ma hi.

Weil d'Vicha, wånns war,
miaßn außa vom Ståi.
Ma herts a scho plern,
es is koa guats Gfuihl. ▸

Åft fångts å zon schittn,
wia wånns Schaffö auslahrn
und d'Dåchreahrn geht über,
dånn gibts an Hågö an schwarn.

Dös Obst auf dö Bam
hauts åba wia nix,
a s Grås auf da Wiesn
kånnst iatzt nimma mahn.

S'Troad auf dö Acker
håt koa Ähern mehr drån,
d'Helm håts åbgrissn,
lögn oisa hinögö då.

Es håt s'Betn nix ghoifm,
dö gånz Plåg woar umasunst.
Wås mechst dagögn toa,
wånn s'Wetta a so hunzt.

Gibts an Winta koan Most
und s'Brout dös wird rar,
is koa Fleisch aufm Teller,
toans d'Erapfö a. ▸

s'Kraut is wås bstandigs
is noahrhåft und gsund
mitn Erapfö dazua
huifts üba dö noudigö Stund.

Jå s'Wetta ziagt umi
und es wird wieda sche,
und dös noudigö Joahr
wird a umigeh.

Nächts Joahr wird's gwiß besser
mir gebm d'Hoffnung nöt her,
weil nåch an finstern Himmö
kimmt a Liachtn daher.

Da Kuckuck

Kunt i, wiar i mecht, war mir s Lebm, gråd recht,
i peckert überåill ei, gråd so wia a Specht.
Do i fürcht mi vorm Zimmern und vorm Spechtln gråd recht,
weil i bin håit a Kuckuck und nu långt nöt a Specht.

A Kuckuck zu sei, jå dös is gråd fei,
i wui koanö Gschwista, na, alloa wuill i sei.
Bevor sö nu schlupfm schmeiß is außö vom Nöst;
Dös Platzl g'hert mir, dös behaupt i fei fest.

Und dö Åitn soin ma bringa zum Fressn no gnua,
derweil i stat dåsitz und schrei und fad tua.
Åba fliag i dånn aus, vom Hoamatnöst weg,
håm g'wiß mit meinö Kinda dö nächstn Öltern eana Gfredt.

Dadåttert

Mei, wiar i mi firicht,
mir schlodern dö Knia.
Wiara wåckladö Hoanzn
so kim i ma via.

Miar is, wia wånn i wås hea,
do i siag nix um mi.
I hån Ångst, moan i z'geh glei,
so dadåttert wiar i bi.

Håit, jå då is wås,
iatzt håb i wås g'sehgn.
A Mäuserl, a weißs,
iatzt is um mi gschehn.

Oa weiß Mäuserl is's nöt,
i siag mehr, wås für a Plåg.
Ös kennts dös gwiss a,
wås dö Ångst oiss vermåg.

Gedånken zum Geburtståg

Wånn ma so zruck denkt an ålle dö Joahr,
wås s'Lebm ålls bråcht håt, dånn wird es oan kloar,
dass s'Lebm nöt gråd ebm, na, a hügelig woa.

Dö Joahre gehn umi, und es ändert si vui,
und s'Schicksåi, dös treibt gråd wås es wui,
weil zerscht schindst di bergauf, und dånn kugist åi.

An Berg beriauf steign, schwarö Wöge a z'geh,
dabei si nöt stoipern, åiwei aufrecht dåsteh,
dös schåfft nöt a jed's, dös muaß ma versteh'.

A da Früah geht's nu frisch und recht lusti dahi,
då denkt ma, guat aufglögt, wia guat i nöt bi,
und vor lauter Drång schiaßt ma fåst übers Zui.

Dånn gegn Mittåg hi, då wird's scho fei a weng zach,
ma håt zwoa scho g'jausnd, do d'Hitz låßt nöt nå,
so geht ma zum Bachal und kuit si a weng å.

Am Nåchmittåg kimmt scho a weng a Schåttn ins Tåi,
da Schritt is nimma so strebsåm, und du merkst auf oamåi,
auf dö Fiaß hast scho Blåsn und es zwickt überåi.

Guat iss dånn gögn Åbmd, wånn da Gipfö is erreicht,
wånn ma zruck schaut am Wög, und ma beit dånn an Eicht,
und ma duatsitzt und ausråst, iss a Glück, dös nöt weicht. ▸

So zruckschaun aufs Lebm, dös kånnst jedn Tåg;
Schau aufs Glück und auf d'Freid und nöt nur auf d'Plåg
und wirst selig, gspürst den, der di gånz bsunders måg.

So an glücklichen, fröhlichen Tåg soist hait håbm,
gfrei di mit deinö Freind an den guatgmontn Gåbm
und mia mechtn dir ålle a herzlichs „Dånkschë" nu sågn.

Iazt bleibt nur nu oans, di recht schë zu bittn,
bleib g'sund und recht lång nu in unserer Mittn.

Hi und då

Hiunddå bin i grantig
måg mi oft selba nöt seng,
bin fuchsteiföswuid,
um den Tåg is scho gschehn.

Hiunddå bin i lustig
måch a Gaudi wia nöt gråd
i bin so guat drauf
wiar a Schneck am Sålåt.

Hiunddå bin i trauig,
mir druckt wås af d'Seel,
an dem Tåg is ois finsta
und es wird a nöt hell.

Hiunddå bin i trotzig,
i måg oafåch nöt,
und dö åndern sågn ållö
mit dir is a Gfrett.

Hiunddå bin i stolz,
streck an Kopf weit in d'Höh,
und buid ma dånn ei,
wia guat i nöt bi.

Hiunddå bin i krånk,
oissånd tuat ma weh,
kånn mi schiaga nöt rührn
und trink an heilsåmen Tee. ▸

Hiunddå mecht i tånzn
und singa dazua,
mit an Dirndl mi schwinga
und kriag fåst nöt gnua.

Hiunddå bin i einsåm
und sehn mich nåch wem,
mecht irgendwen nöbm mia håm
und mecht a weng redn.

Hiunddå bin i fad.
mi gfreit oafåch nix.
koa spuin, koa spazierngeh
es is gånz verflixt.

Hiunddå kunnt i schåffm
den gånzn Tåg und dö gånz Nåcht
i fui mi so stoark,
ois kunnts nia ausgeh dö Kråft.

Hiunddå bin i miad,
då mecht i mei Ruah,
an Trubö find i
danåch wieda gnua.

Hiunddå kunnt i rean,
wånn oiss feigöt åis wia,
rennat am liabstn davo
und låssat ois hinta mia. ▸

Hiunddå bin i fromm,
denk aufm Herrgott und bitt,
dass er oamoi, wånns is,
mia meini Sündn vagibt.

Dånn wiari a weng ruhig
und denk a weng nå,
åba dös is vui z'weng oft
es is nur hiunddå.

I stroaf gern a weng å

I stroaf gern a weng å,
wånn i zuaglånga kå,
wånn ma ebbas nöt gfåit
auf dera hinggadn Wöd.

I stroaf gern a weng å,
wånn i zuaglånga kå,
kritisian tuar i gern,
åba i mecht dei Meinung nöt hean.

I stroaf gern a weng å,
wånn i zuaglånga kå,
do es fåit ma nöt ei,
selba bessa zu sei.

I stroaf gern a weng å,
wånn i zuaglånga kå,
då håit mi nix nieda,
då is ma nix zwieda.

I stroaf gern a weng å,
wånn i zuaglånga kå,
hea d'Musi gern å,
obs nöt schena doa kå.

Im Oita

Iatzt klopft a båid å
dea zwiedanö Må(nn)
und stoit ma scheiheili d'Fråg,
ob i mitkemma måg.

Åba wås soid i eam sågn
auf sei drängendes Frågn?
Soid i sågn: „Geh nur hi
und rant di du nöt um mi?"

Soid i sågn: „Geh nur hi,
i bleib wo i bi,
du bringst mi nöt fort
an an åndern Ort".

Jå, iatzt is a båid då,
dånn hoit er mi å,
er wead nöt lång frågn,
nimmt mi mit auf sein Wågn.

Und dånn foahn ma gånz gschwind,
fåst so schnö wia da Wind,
da Ewigkeit zua,
und dånn gebm ma a Ruah.

Liebesgedånken

I kunt a Liad davon singa,
mechts oamoi frei aussabringa.
I mecht so vui sågn,
wo Gedånka mi plågn.

Weil i nimmer i selber bi
und weil i nur nu studier,
wia kånn i ei bei dein Fensterl,
wia kånn i eini zu dir.

I mecht di gern håisn,
mecht di drucka und ziagn
und überleg Tåg und Nåcht,
wia kunnt i di kriagn.

Dånn fåilt ma was ei:
I müaßat offener sei!
Nöt alleweil mi in Gedånga vakrein,
da bi i ma sicher, dånn wird's scho wås werdn.

A so hå is dånn gmåcht
und so, fåst über d'Nåcht
bi i redselig wordn,
gråd so wie neu geborn.

I håb ihr ålls gsågt
und dånn hån is nu gfrågt,
då håts „Jå" gsågt zu mir,
und iatzt gher i ihr.

Überåi fåi i drüba

Überåi fåi i drüba, üeråi haschpid i mi,
es gibt fåst koan Tåg, wo i båtschada bi.
I bi a håschpada Kund, ållö Tåg ållö Stund,
i håits heakat und dürr, und nöt kugirund.

Dö Gedånga san weit, dö Gedånga san fern,
wånn i zuiruck und nåchdenk, wia kunnts schena nu wern.
Es gibt jå nix schenas, ois d'Hoamat und d'Liab
und wånn i nu jung war, dös easchtö Bussal wås i kriag.

Åba wia i hoit bi, a båtschada Kund,
bring nix aufm Wög, wås wen Wert scheina kunnt.
I bring nix aufm Wög, i håb nix, wås wem gfåit,
i håb Sorgn und Not, wia dö meahran auf da Wöd.

Wånn i amoi stirb, da braucht neamad rean,
uma Erbschåft und Geld braucht si a neamad schean.
I håb jå nix zåmbråcht åis toikada Kund,
håb åiwei nur glöbt vo meiner Hånd in meim Mund.

Weihnåcht

Dös Joahr is wieda schnell vagånga
und wieda nimmt uns etwås gfånga
dös ziagt uns oafåch in sein Bånn
wias nur dös Herz beschreibm kånn.

Es ziagt uns einö in die Mittn
dös Kind, dös dåliegt in da Krippn.
Es ståhlt dö Liab aus vo da Welt,
dös jedn finstern Fleck erhellt.

Und mit da Liab schickts a sein Friedn,
und der sei jedem Mensch beschiedn,
der den Friedn weiterträgt,
an Herrgott bitt' und „Dånksche" sågt.

Dös Kind, dös uns då einst geborn,
der Gottes Sohn, der Mensch is wordn,
sei nöt nur z'Weihnåchtn bei eich,
sondern ewiglich im Himmireich.

Jå, Weihnåchtn håt schenö Liada,
schenö Bräuch san a nöt zwieda,
doch da Sinn der soi besteh
und d'Nächstenliab nöt untergeh.

Über mi

I mecht so vui toa,
i mecht so vui kina,
i mecht so vui sågn,
åba i muaß mi fei zwinga,
i tua nix,
i kånn nix,
i woas nix zon redn,
i håb nix,
mia gheaht nix
mia gheaht nur mei Lebm.

In da Mundoart

I tua mi so schwa beim Dicht'n und Rödn,
dabei mecht i eich nu so månches erzöhn.
Meinö Gedånga gengan her, gengan hi,
wias mi håit ummatreibt, wia i håit bi.

I bi, wiar i bi, kån nöt aussa aus mia,
i kimm håit schwa einö, wånns a offn steht dö Tür.
Es håit mi wås zruck, nöt d'Plåg und nöt d'Müah,
i kimm oafåch nöt eini, durch dö offene Tür.

I schau nedda duri und siag ma so load,
weil drinn is a Tisch, deckt mit Fleisch und mit Brot.
Då wars håit gråd guat, wånn ma higlånga kunnt
und nahm sö a Stückö füa a glücklichö Stund.

Åba durt sitzn scho d'Herrn und glångan föst zua,
und wås åifåit untan Tisch, war für mi gråd nu gnua.
Na, für mi iss nu lång nöt, dscherst kemmand nu d'Hund
und fiesln åis å, dasst fei neidisch werdn kunnst.

Åba soin s'ös do fressn, die Hund unterm Tisch,
dö Boana die übableibm, wei oas is ea gwiß,
a da Rest ko wås sei, der oan an Hunga stüllt,
as is håit gråd so, as wia ma sö fuit. ▸

I bleib bei mein Denga, i denk, wås i wui,
soin dö åndern gråd rödn und toa wås sö woin;
mei Sinna geht virö und oftmåchtö zruck
und bleibt's amåi steh, måcht's båid wieda an Ruck.

I kånn neamd net zwinga, i mecht neamd net plågn,
und wånn mi wer frågat, so kunnt i nur sågn,
dös Dicht'n, dös låß i in Zukunft gent sei,
då geht so vui Zeit drauf, und mir fåit zwenig ei.

Mehrnbach, mein Heimatdorf

Wo sanfte Hügel sich erheben,
bist du deinem Quell ergeben,
der dir Name und Ehre ist
und der dein Herz so leise durchfließt.

So gebe Gott dir reiche Frucht und Segen;
dir, mein Mehrnbach, und allen, die da leben.

Deine reine Quelle erfrischet mich;
sie gibt mir Kraft und Leben.
Sie strömt dahin so ewiglich,
ich bin ihr ganz ergeben.

So gebe Gott dir reiche Frucht und Segen;
dir, mein Mehrnbach, und allen, die da leben.

Geborgen in der Heimat Schoß
will ich aus dem Dorf nicht weichen,
denn ist die Welt auch noch so groß,
kann nichts dir, mein Mehrnbach, gleichen.

So gebe Gott dir reiche Frucht und Segen;
dir, mein Mehrnbach, und allen, die da leben. ▸

Die Ähren leuchten in vollem Glanz
und wiegen sich im Winde;
die Wipfel bilden einen Kranz,
und du bist ihr Gebinde.

So gebe Gott dir reiche Frucht und Segen;
dir, mein Mehrnbach, und allen, die da leben.

Über mich

1959 in Mehrnbach geboren, verbrachte ich hier meine gesamte Kindheit und Jugendzeit mit zwei meiner drei Geschwister. In der hiesigen Volksschule absolvierte ich acht Klassen und anschließend das Polytechnikum in der Bezirkshauptstadt Ried. Beruflich arbeitete ich bei verschiedenen Firmen in unterschiedlichen Sparten. Nun bin ich in Pension und finde etwas mehr Zeit zum Schreiben. Jedoch zählen auch andere Beschäftigungen wie zum Beispiel das Schnitzen von Figuren und Skulpturen zu meinem erfüllten Leben. Das Schreiben hat sich irgendwie einfach ergeben. Allerdings habe ich mich schon immer für Literatur interessiert. Neben Gedichten, von denen viele schon in einer Regionalausgabe einer Zeitung veröffentlicht wurden, habe ich auch schon zwei Romane geschrieben. Einer davon wurde auch veröffentlicht.